JE NE L'AI PAS VU ARRIVER…

Les événements de la vie

Ceux que nous préparons
Ceux qui nous surprennent

Annick IMBOU

© 2023 Annick IMBOU
Édition : BoD – Books on Demand,
info@bod.fr
Impression : BoD – Books on Demand, In de
Tarpen 42, Norderstedt (Allemagne)
Impression à la demande
ISBN : 978-2-3225-0763-4
Dépôt légal : Novembre 2023

DEDICACE

A toute ma famille
A tous ceux que les événements ont ébranlés
A tous ceux que les événements ont conduit
à une remise en question
A tous ceux que les événements ont
reconfigurés

Ce n'est pas l'évènement qui nous bouleverse, mais l'idée que nous faisons de l'évènement.

-Aristote-

Il faut beaucoup d'esprit pour comprendre l'événement; pris à la lettre, il écrase. La vie est presque toujours au-dessus de notre portée.

-Jacques Chardonne-

AVANT-PROPOS

La vie est une combinaison d'événements qui se chevauchent les uns après les autres. Ce chevauchement s'opère de façon cyclique ou saisonnière, comme on peut le voir avec les saisons météorologiques. Nous avons par exemple dans les pays occidentaux, quatre saisons : Automne, Hiver, Printemps et Été. La vie est donc rythmée suivant les saisons et il faut s'adapter. Quand l'hiver s'annonce par exemple, les gens se préparent sur le plan vestimentaire, alimentaire ; les logements sont aussi équipés de chauffage, pour les tenir au chaud. Cependant, on sait que chaque saison dure en moyenne quatre mois ; donc une saison finira par laisser la place à une autre. Ainsi, il existe dans la vie des événements comme avec les saisons, qui finissent par arriver, que nous le voulons ou pas. Par exemple, une femme enceinte sauf cas particulier, finira toujours par donner naissance à son enfant. Un jeune garçon finira par avoir la barbe, il n'a pas besoin d'utiliser des lotions pour chercher à stimuler la pousse. A un certain âge, la barbe finira par s'imposer. C'est la même chose avec les jeunes filles, même si elles luttent en se camouflant, la poitrine finira par paraître. Il y a donc des choses pour lesquelles, l'homme lui-même se prépare parce qu'il veut les voir arriver. C'est le cas par exemple du mariage avec tout ce que cela demande, c'est un événement qui se prépare. Un voyage pour une destination lointaine, demande également de la préparation. Il y a donc des événements qui se préparent. Cependant, nous pouvons vivre d'autres événements pour lesquels nous n'avons pas été préparés. La plupart du temps ils nous surprennent et peuvent avoir un impact considérable dans notre vie. Aucun homme n'est à l'abri de tels événements, comme avec les saisons, tout le monde le vit à un moment de la vie. Ces événements rythment notre existence et font que la vie révèle d'un côté notre vulnérabilité et de l'autre côté l'éphéméride de notre existence qui nous échappe c'est-à-dire que nous ne maitrisons pas. En ce sens que même l'homme le plus doué dans la planification, ne pourrait prévoir avec exactitude ce qui va lui arriver dans la seconde qui suit. La vie de plusieurs a basculé du jour au lendemain à cause d'un événement qui est survenu un jour auquel il ne s'attendait pas. Contrairement avec les saisons météorologiques, qui sont annoncées d'avance grâce à des signaux naturels, tels que les feuilles, le vent, la pluie, etc. Par exemple, quand l'automne arrive, on voit déjà les feuilles commencées à tomber, les pluies devenir de plus en plus fréquentes. Le printemps quant à lui, s'annonce par la floraison des plantes, le bourgeonnement, l'adoucissement de la température, et le soleil qui marque de plus en plus sa présence. En ce qui concerne les événements malheureux, pour certains, il n'y a pas de signe avant-coureur voire très peu. Comme avec un flash, vous êtes pris au piège et vous êtes censés réagir ou bien vous choisissez de rester figé sur cette image. Cet ouvrage décrit l'évènement comme un fait dont la durée est marquée dans le temps. Le plus important est l'attitude que nous avons au moment où l'événement est en train de faire son chemin.

INTRODUCTION

"Je ne l'ai pas vu arriver", disent souvent les gens lorsqu'ils sont face à des évènements surprenants. Car l'homme a toujours voulu avoir la maitrise sur tout ; cependant, il y a des événements qui arrivent de façon surprenante, sans que nous ayons été averti ou préparé, encore moins mis dans la confidence. Ils arrivent et chamboulent tout dans nos vies. Quoique nous fassions, ils sont là pour un temps et dans un but précis. En fait, Dieu a fait de telle manière que chaque chose qui existe soit liée à une saison. L'ecclésiaste dit qu'il a fixé un temps pour tout ce qui existe sous le soleil. Un temps pour naître et un temps pour mourir. Un temps pour planter et un temps pour arracher ce qui a été planté. Un temps pour tuer et un temps pour guérir ; un temps pour abattre, et un temps pour bâtir. Un temps pour pleurer et un temps pour rire ; un temps pour se lamenter et un temps pour danser ; un temps pour lancer des pierres, et un temps pour ramasser des pierres ; un temps pour embrasser et un temps pour s'éloigner des embrassements ; un temps pour chercher, et un temps pour perdre ; un temps pour garder, et un temps pour jeter ; un temps pour déchirer, et un temps pour coudre ; un temps pour se taire, et un temps pour parler ; un temps pour aimer, et un temps pour haïr ; un temps pour la guerre, et un temps pour la paix. C'est le cycle de la vie selon Dieu. C'est de cette manière que la vie se régule autour des temps sombres et des temps lumineux. On peut imaginer la vie de la semence, celle-ci doit dans un premier temps être mise en terre, ensuite un autre moment germer puis donner du fruit ou produire d'autres semences. Il y a donc une période d'ensemencement et plus tard une période de germination et enfin une période de croissance. Après tout ceci vient la récolte. Pendant ce temps, il faut que cette première étape se fasse, pour que les fruits apparaissent. On ne peut pas commander l'apparition des fruits par la parole comme Dieu l'a fait au commencement, car après avoir créé toutes choses, il les a soumis à un processus de reproduction. Ce processus se réalise dans un temps dont la durée a été fixée par lui-même. En fait, quand le temps est propice, le semeur met la semence en terre et s'attend à voir apparaître les fruits. Il plante, et il ignore à quel moment la semence germera ; du moins il faut un temps de germination. Cependant, une invasion ou une inondation peut arriver, sans que le semeur ait été averti ; une invasion par exemple de sauterelles. Au lieu de la récolte, c'est la consternation. Son champ est ravagé, il perd tout. Il se pose la question : Pourquoi n'ai-je pas perçu ou senti qu'un tel événement pouvait arriver en ce jour ? Le vent a soufflé certainement sans pourtant l'effrayer parce qu'il se disait qu'il passera. Mais il ne s'imaginait pas que c'est ce même vent qui allait tout ravagé à son passage. Quelques fois, on peut percevoir les choses, mais très souvent nous sommes surpris qu'elles sont déjà là. Effectivement, il ne l'a pas vu arriver. Il a beau culpabilisé en disant : Si j'avais attendu un peu, j'aurai évité cette catastrophe. Malheureusement, c'est un événement qu'il n'avait pas préparé. Bien qu'il se soit préparé pour l'ensemencement et la récolte, mais pas pour un tel événement. D'une manière générale, l'homme n'est pas préparé à vivre des évènements dits malheureux. En fait, nous ne sommes pas formés ou préparés à ce genre d'événements. C'est comme la mort, personne ne s'y prépare en disant que voilà comment cela va arriver. Toutefois, il faut souligner que la vie serait rythmée par des évènements tantôt heureux, tantôt malheureux. Il n'est pas étonnant de voir ces événements arrivés dans notre vie. Il existe évidemment une dualité d'évènements dans la vie de tout homme. Comme nous ne pouvons pas seulement manger toute la vie, voilà pourquoi il y a le phénomène de digestion. C'est de cette façon que la vie se renouvelle. Car si nous ne faisons que stocker la nourriture dans le corps, cela va causer une indigestion qui est à l'origine de certaines maladies. Voilà pourquoi, nous mangeons et nous sommes censés aussi rejeter par la suite, pour ensuite stocker à nouveau. Par ailleurs, la durée de ces événements n'est pas connue d'avance. Nous ne pouvons pas prévoir que tel événement de ce genre arrivera à telle période, et ensuite, il va s'arrêter tel jour à telle l'heure. Non, il est difficile de pronostiquer sur de telle chose, car notre maitrise des choses est cependant limitée à ce que nous voyons ou connaissons. Par contre, ce que nous ne voyons pas relève de l'inconnu. Aussi, d'une manière générale, l'homme a plus confiance à ce qu'il voit et moins à ce qu'il ne voit pas. De même, il anticipe les événements heureux de sa vie comme le mariage, l'arrivée d'un enfant, le voyage. Il n'occupe pas son temps à penser qu'un malheur peut arriver, donc il n'y porte pas trop de crédit. Ces événements surprennent parce qu'aucun homme ne se prépare au pire ou au malheur. Quand ils surviennent, les réactions diffèrent d'un individu à un autre. Il y a ceux qui en sorte complètement assagis, mais d'autres perdent le goût de vivre et deviennent des morts-vivants, c'est-à-dire des gens qui sont morts à l'intérieur d'eux, c'est à dire bien qu'étant en vie, ils sont morts à l'intérieur d'eux. Les événements malheureux sont comme des coloquintes sauvages, quand ils entrent dans votre vie, ils peuvent causer la mort, physique, psychique, émotionnelle, sentimentale, financière, etc. Dans cet ouvrage, nous parlerons des événements que nous préparons avec beaucoup d'enthousiasme et ceux qui arrivent par surprise, c'est-à-dire ceux que nous n'avons pas préparer. Tout au long de notre cheminement, nous tenterons de répondre à ces questions:

- Comment réagissons-nous face aux événements ?
- Que révèlent les événements que nous vivons?
- Qu'est-ce que nous gagnons ou perdons ?
- Quelle leçon tire-t-on ?

C'est donc autour de ces questionnements qu'est basée notre analyse. Cet ouvrage s'appuie sur du vécu et sur des choses que nous avons observées.

I
Les différentes catégories d'évènements

Il nous arrive à la fois des évènements drôles, curieux, angoissants, voulus ou non. Chacun d'eux est une maille, mailles qui formeront la chaîne longue ou courte de notre vie.

-François Beau lieu-

Avant d'aller loin dans notre analyse, nous voulons définir ce que c'est qu'un événement. Nous retenons la définition trouvée dans le Dictionnaire de philosophie. L'événement est tout ce qui arrive dans le temps. C'est donc un morceau de temps avec un début et une fin. Cette définition précise bien comme nous l'avons souligné plus haut que l'événement est un fait temporel c'est-à-dire qui intervient dans le temps. Pour les philosophes, il faut juste prendre en compte ce qui arrive de notable ; ce n'est donc pas tout ce qui arrive, mais seulement ce qui arrive d'important, de significatif, tel que le mariage, la naissance, la mort d'un proche, etc. Il faut ajouter que lorsqu'il surgit, il rompt le cours des choses. Il faut situer l'événement dans sa complexité c'est-à-dire ce qu'il est et ce qu'il n'est pas. Deux aspects essentiels caractérisent un événement : la *rupture* avec des faits habituels et *l'importance* qu'il a pour une personne ou un groupes d'individus. L'événement rompt la trame de notre quotidien, mais il ouvre également de nouvelles trames, cela dépend de l'idée que nous faisons de l'évènement, selon Aristote[1]. Nous restons figés dans les événements souvent parce que nous culpabilisons du fait que nous n'avons pas suffisamment de force pour y faire face. Par ailleurs, nous aurions souhaité qu'ils arrivent comme nous voulons. Or Epictète dit : Ne demande pas que les événements arrivent comme tu veux, mais contente-toi de les vouloir comme ils arrivent, et tu couleras une vie heureuse. Le problème comme nous allons le voir se situe vraiment à ce niveau. Tout le monde s'en veut parce qu'il n'a pas anticiper les choses, de telle sorte que la chose n'arrive pas. Finalement, on constate contre vent et marée qu'elle est quand même arrivée. Un sentiment d'angoisse et de culpabilité gagne certains qui, finissent par déchanter ou par s'isoler. Chaque fois que nous subissons les événements, c'est notre volonté qui achève les conséquences. Nous parlerons des événements heureux et des événements malheureux. Donnons d'abord quelques précisions sur ce qu'est l'événement et ce qu'il n'est pas.

Ce qu'il n'est pas :

- L'événement n'est pas l'apanage des pauvres ou des riches uniquement ; tout homme le croise sur son chemin.
- L'événement n'est pas sélectif c'est-à-dire d'un côté celui qui est réservé aux forts et de l'autre côté pour les faibles.

---

[1] Ce n'est pas l'événement qui nous bouleverse, mais l'idée que nous faisons de l'événement. (Aristote)

- L'événement n'est pas uniforme c'est-à-dire identique pour tout le monde.
- L'évènement n'est pas une punition encore moins un sors qui s'acharne sur vous.
- L'événement n'est pas un événement que pour soi seul, car même au niveau le plus individuel, un événement, par la modification des rapports en soi, aux autres, au monde, qu'il produit, engage toujours au-delà de soi ; il concerne d'autres que soi.

Ce qu'il est :

- L'événement, c'est ce qui arrive au cours de l'existence individuelle ou collective, il compose ou constitue cette existence.
- L'évènement, c'est ce que l'on a vécu ou que l'on vit dans le temps ou dans l'espace.
- L'événement arrive aux gens de façon différente.
- Chaque événement qui arrive n'est jamais au-delà du supportable.
- L'événement survient dans un lieu, il touche les personnes et cela à une période donnée.
- L'événement concerne tout le monde, il implique plusieurs personnes, même s'il affecte de façon directe une personne.
- L'événement révèle deux choses : nos forces et nos faiblesses.
- Il y a ce que l'on gagne ou ce que l'on perd à chaque événement qui nous arrive.

- A chaque événement est attaché une leçon de la vie que nous devons apprendre.
- Chaque événement incite ou sollicite notre réaction
- L'événement n'arrive pas seulement aux uns, mais aussi aux autres suivant la capacité de chacun à supporter ces effets.
- L'événement peut être considéré comme une épreuve de la vie, une épreuve qui met à rude notre caractère, notre opinion de la vie, nos relations présentes et futures.
- L'événement est un procédé obligatoire applicable à toute existence terrestre.

A ce stade de notre analyse, il faut ajouter que l'événement est caractérisé par trois choses :

1. La force d'ébranlement

Chaque événement nous bouleverse, nous fait trembler au moment où il apparaît dans notre vie. Il fait voir notre solidité ou notre faiblesse (forces/faiblesses).

2. La capacité de remise en question

Un événement doit nous amener à nous remettre en question. Il vient casser les codes ou nous amener à revoir ce que nous avons connu, planifié, fait au départ, expérimenté.

3.   La capacité de reconfiguration

L'événement vient changer notre manière de voir la vie, les choses, les relations, les manières d'être ou de faire ou d'agir. Il vient pour nous reclasser, repositionner, remettre à jour notre logiciel, nos relations humaines, l'estime de soi, notre perception de nous-mêmes.

Après cette contextualisation, nous allons maintenant présenter les deux événements majeurs de notre étude.

1.   **Les événements heureux :** *ceux que nous préparons*

- La naissance d'un enfant

Tom Potts dit que : la naissance d'un petit enfant est un événement merveilleux et passionnant. Cet émerveillement et cette excitation continuent tout au long de la vie. Les mères ont plus à raconter à ce sujet. A la sortie d'une échographie, l'annonce d'un heureux événement vient dissiper vos craintes au sujet de l'irrégularité de votre cycle menstruel ou des doutes que vous aviez à ce sujet. Plusieurs femmes sortent de chez le ou la gynécologue avec un sourire qu'on a du mal à décrire. Elles poussent des cris de joie et sautent à l'annonce de la bonne nouvelle ; une nouvelle que le couple attendait certainement depuis longtemps. Oui, c'est un embryon dans ce ventre qui vit depuis trois voire quatre semaines. La nouvelle fait fondre toutes ces peurs, ces doutes, et nous confère sans nous demander notre avis, le statut de futur mère, porteuse de vie. En sortant de la clinique, les pensées jaillissent comme une source d'eau qui déborde. Voilà nous commençons à imaginer à quoi va ressembler cet enfant, ce que nous devons acheter comme vêtement. Nous imaginons la chambre de notre enfant peint en bleu si c'est un garçon et en rose si c'est une fille. Ensuite, nous allons jusqu'à même imaginer le jour de l'accouchement alors qu'il ne s'agit encore que d'un embryon. Le compte à rebours est lancé, l'arrivée de l'enfant fait partie intégrante des évènements que nous préparons avec beaucoup de motivation et d'enthousiasme. C'est un événement qui bouleverse la vie voire le quotidien d'un couple et leur demande de devenir plus responsables. Ainsi certains événements peuvent amener une transformation de soi. Ces femmes qui voient leur corps se transformer au fil du temps. Elles commencent à vivre ces transformations, mais le plus important, c'est cette naissance qu'elle a le privilège de donner qui la captive et la maintient dans une bulle de tendresse et d'harmonie. La naissance, la vie, est mystère, un évènement qui donne aux femmes de se sentir plus responsable que jamais. La responsabilité à l'égard de cette vie qu'elle porte en elle. Comme au premier jour, l'annonce de la naissance de l'enfant fait aussi jaillir des étincelles de joie et d'allégresse, le cœur de ces femmes. L'enfant est né et une autre trame de la vie va commencer.

- Le mariage

L'autre événement heureux, c'est le mariage. Se préparer pour épouser cet homme ou cette femme. C'est un moment notable dans la vie. Quand l'homme ou la femme accepte de passer le reste de sa vie à nos côtés, à nous aimer, nous aider à nous épanouir ensemble, nous supporter ; la nouvelle réjouit le cœur, c'est comme un enfant qui vient d'ouvrir son cadeau de noël et se rend compte que c'est cette chose qu'il voulait vraiment. Émerveillé, il ou elle voit la vie en rose et saute de partout pour exprimer sa joie. Une chose étonnante c'est ce que celle à qui on vient demander la main réagit comme cet enfant. C'est pour autant dire que les événements heureux procurent une joie qui nous fait oublier notre statut ou position sociale ; petit ou grand réagisse avec des cris de joie pour exprimer leur bonheur. Quelques jours plus tard, ce sont les préparatifs qui vont commencer, une fois la date fixée. Le couple s'active pour rendre ce jour agréable pour eux, mais aussi pour ceux qui viendront se réjouir avec eux. Même s'il arrive des mariages à la sauvette où les gens se rencontrent aujourd'hui et décident de se marier. Ce n'est pas de cela qu'il s'agit ; il s'agit de ce mariage qui demande un temps de préparation, parce que nous ne voulons pas échouer encore moins décevoir nos invités. Choisir sa robe, son costume, la salle, le menu, etc. Tout ceci demande une véritable préparation, pendant des mois voire des années avant que la chose se réalise. Le jour J le champagne coule à flot, les danses, les cris de joie et les embrassements sont au rendez-vous, pour dire que l'événement-ci est un événement heureux et inoubliable, pour vous. On garde dans le coin de sa mémoire la beauté voire la notabilité de cet événement, en vous répétant que cela n'arrive qu'une seule fois dans la vie. Profiter de la vie, car demain, on ne sait pas. Ce jour-là on s'est dit "oui" devant tout le monde pour la vie et seule la mort vous séparera. L'alliance est scellée pour la vie. Un événement heureux dont on se souviendra toujours.

▪ Le voyage

Hormis la naissance et le mariage, il y a aussi le voyage. Quand vous avez appris que votre visa pour l'Europe vous a été attribué, vous sautez de joie, parce qu'enfin vous allez voir le pays qui jusque-là était celui que la télévision vous donnait de voir. C'est l'histoire de Hiro, cette jeune fille qui est partie de son pays natal pour la France. Elle avait commencé par formuler une demande de visa auprès des autorités consulaires à l'ambassade de France. Une fois les formalités remplies, elle obtient son visa étudiant ; quelle joie ce jour-là, car enfin, elle allait vivre son rêve, celui d'aller étudier dans des grandes universités françaises. Un tel événement ne peut que vous réjouir le cœur et vous dire que la vie vous offre une belle opportunité. Vous avez construit votre vie autour de ce rêve que vous avez nourri en vous pendant des années. Et maintenant, vous êtes sur le point de toucher du bout des doigts la réalité. Ce n'est plus une fiction, mais vous allez dans quelques mois fouler vos pieds au pays de Molière. Vous avez lu « Monsieur l'avare », regardé les films comme les trois mousquetaires, les gendarmes et les gendarmettes, le sauvage, sur votre écran et vous avez longtemps nourri le désir de voir ce paysage que vous voyiez à l'écran. Alors quand cet événement arrive enfin, vous avez le sourire jusqu'à avoir mal à la mâchoire. Hiro a vu se défiler sous ses yeux, toute sa vie, ses rêves d'enfance. Elle s'était préparée moralement à quitter un jour la terre de ses ancêtres. Cette terre qui l'a vu naître et grandir. Effectivement, cet événement ou disant ce voyage est venu comme le dit Jules

Renard[2], réaliser un rêve qu'elle avait au fond d'elle. La préparation prend en compte le temps où elle a commencé à nourrir le désir d'aller étudier au pays de Molière. Se préparer à quitter sa famille, elle qui n'avait jamais effectué un si long voyage, sachant aussi qu'elle ne reverra pas de sitôt sa famille. Entre son pays et celui où elle s'apprêtait à partir, il y a des kilomètres qui les séparent. Elle ne pouvait pas programmer un retour comme lorsqu'elle partait passer les vacances chez sa grand-mère qui habitait à une heure de chez elle. Ici ce n'est pas un simple bus à prendre pour aller chez mamie, mais il s'agit de prendre un vol et s'aventurier seule loin de la famille, ne connaissant presque personne là-bas. Un événement heureux comme tout autre implique de sa part comme nous l'avons dit, de la responsabilité et de la préparation. Nous allons le voir dans les chapitres suivants, car on ne peut pas parler d'événement sans évoquer la responsabilité de chacun, cela renvoie aux différentes manières de réagir face à ce fait que nous vivons ou à ce qui nous arrive à un moment précis. Alfred Capus a précisé une chose : Si nous ne pouvons rien sur les événements, nous pouvons les modifier par les manières dont nous les acceptons. N'oublions pas que l'événement est un morceau de temps avec un début et une fin. Hiro s'est réjoui de son voyage, elle a quitté son pays natal un trente et un octobre et elle a atterri à Paris Charles de Gaulle le premier novembre. Nous voyons bien qu'elle n'a pas voyagé toute la vie, il y a eu un début et une fin. Une fois à Paris, une autre trame de la vie s'est ouverte ; Les événements ne durent

---

[2] Qui sait si chaque événement ne réalise pas un rêve qu'on a fait, qu'a fait un autre, dont on ne se souvient plus ou qu'on n'a pas connu ? (Jules renard)

pas toute la vie. Les uns semblent avoir été les premiers à arriver dans notre vie, comme la naissance, mais après cela, d'autres événements se sont succédés et continuent à se succéder. Car la vie est une succession d'événements qui précisent notre vie dans le temps. Souvent certains événements donnent l'impression qu'ils demeureront éternellement dans notre vie en voyant à l'intensité avec laquelle ils surviennent dans notre vie. Heureusement, ce n'est qu'une impression et non la réalité. Si c'était la réalité, l'homme dans sa vulnérabilité ne pourra pas passer quatre-vingt voire cent ans sur la terre. Prenons le cas d'un homme qui est resté cent ans sur terre, et imaginons qu'il a vécu une succession d'événements qui ont duré pour les uns neuf mois ou un an, et les autres deux ou trois ans. En faisant le calcul, on se rendra compte que malgré tous ces événements, cet homme a tenu bon et a vécu avec comme une puce dans son corps. Il a su vivre avec des cicatrices causées par certains événements et il ne s'est pas laissé écraser. Donc on peut continuer à vivre malgré les événements. Or, se donner la mort c'est de la lâcheté. Il faut apprendre à vivre avec l'idée que les événements viennent et passent comme le vent.

2. **Les événements malheureux :** *Ceux qui nous surprennent*

Ce sont ceux que nous tentons par tous les moyens d'éviter. Nous ne voulons pas que cela nous arrive. Et notre première réaction quand ils surviennent est un questionnement du genre : *Pourquoi cela m'arrive-t-il ? Pourquoi moi ?* Et les larmes ruissellent de nos yeux exprimant ainsi l'état de notre cœur et de la douleur que nous ressentons. Les événements malheureux n'arrivent pas seulement dans la vie de quelques personnes (les événements ne sont pas sélectifs), tout homme vit un morceau de temps douloureux qui lui arrache le sommeil. Certains comme le roi David, nous le lisons dans les saintes écritures, l'exprime à travers des chants poétiques. Quand la douleur est trop forte, l'homme ne se cache plus, il laisse les autres voir combien il est meurtri dans son cœur. Le malheur atteint tout homme, mais tout dépend de la manière dont chacun choisit de vivre dans cet événement. C'est un mensonge de dire que ce n'est que des personnes faibles qui vivent des événements malheureux. Toutefois, on constate aussi que même les forts s'affaissent devant l'intensité des événements. Dans la nuit alors que tout le monde est endormi, c'est là que notre événement malheureux nous réveille, pour nous rappeler qu'il est là. Quand nous sommes réveillés par le souvenir d'un événement, c'est notre attitude qui va permettre de laisser ce souvenir nous hanter c'est-à-dire rester longtemps ou au contraire s'envoler pour une autre destination. Nous devons faire en sorte que lui et sa douleur qu'il a causée en nous, s'éloignent de nous. Alors, tout cela finira par passer comme le vent.

- La mort

Un événement comme la mort d'un proche fait très peu l'objet d'une préparation. Et même si vous savez que votre parent n'a pas beaucoup de temps à vivre selon le diagnostic du médecin, sa mort reste un événement malheureux. Je me souviens du jour où on m'a annoncé le décès de ma mère. Elle n'était pas malade, aucun signe avant-coureur. Elle est rentrée du travail, préparée le repas et nous avons déjeuné en famille. Ensuite, je suis allée jouer avec mes copines, j'avais neuf ans. Et subitement, la grande sœur d'une copine vient me voir pour me dire : quelque chose est arrivée à votre mère, il faut aller voir. J'ai couru de toutes mes forces jusqu'à la maison et je vois les voisins porter une personne enveloppée dans des draps. C'est la dernière fois que j'avais vu la silhouette de ma mère. Une petite fille de neuf venait de perdre sa mère ; c'était un jour terrible. Pleurer ne suffisait pas, s'arracher le cœur aurait été peut-être la solution convenable. C'était comme si on venait de pointer une arme sur vous et la seule prière qui vous reste à faire c'est : prend mon âme Seigneur, pardonne tous mes péchés et vous fermez les yeux et laissez le tueur faire ce qu'il a résolu de faire. Orpheline de mère très jeune, neuf ans après votre sortie du sein de votre mère. En fait, à peine vous découvrez à quoi ressemble votre mère, vous jouissez de ces câlins et voilà que tout s'arrête. Que faire maintenant ? Est-ce qu'il aurait fallu s'inscrire avant dans une école pour apprendre à vivre cet événement malheureux ? Cependant, il était là devant votre porte, après un repas en famille, sans pourtant que vous imaginez que c'était ce jour et pas un autre que le pire allait arriver. La mort n'avertit pas. J'ai compris que tout peut arriver à tout moment. Pourquoi une petite fille que je fus, pouvait-elle vivre de tel événement dont le poids est au-dessus de mon âge ? Je n'ai pas de réponse, mais ce que je sais c'est que la vie ne m'a pas privé de ce morceau de temps douloureux parce qu'il devait faire partie de l'histoire de ma vie, et je devais vivre ou connaître ces choses durant mon enfance. Certains enfants comme le jeune Louange, le fils de ma meilleure amie morte après avoir donné naissance à ce petit garçon. Cet enfant aussi a vécu un événement malheureux alors qu'il venait de sortir du ventre de sa mère. Que dire de cette femme qui perd son enfant quelques heures après l'accouchement ou d'un homme qui perd sa femme suite à une longue maladie ou du jour au lendemain sans cause apparente. Des accidents qui causent la mort sont des événements qui arrivent et lorsqu'on vous annonce que c'est une personne proche, vous êtes dévastés. La perte des êtres chers comme des frères, des sœurs, des amis, cause en nous de telles douleurs à cause de leur intensité. Nous sommes tellement écrasés comme un raisin. Comment de tels événements peuvent nous arriver? Il faut souligner que chaque événement fait partie de notre vie. Voilà pourquoi nous ne pouvons pas vivre la vie d'un autre. On peut s'échanger de chemise, de chaussures, mais pas la vie. La vie est personnelle. Non, chacun a sa portion coupée en tranche d'événements qui survient à un temps donné dans le seul but de nous reconfigurer.

- La trahison

La trahison de la part d'un proche est comme la mort, un événement malheureux. Vous êtes dans une relation et vous ne vous imaginez pas que la personne qui est avec vous, avec qui vous partagez tant de choses, voire des secrets, vous trahisse. Une trahison inattendue. Un poignard derrière le dos et vous vous rendez compte que c'est une personne qui vous est proche. La trahison venant d'une personne éloignée ne vous ébranle pas comme celle d'une personne qui vous est proche. Des personnes qui ont vécu ensemble et pour des intérêts égoïstes, l'une d'elle décide de briser la confiance qui existait entre eux. Cependant, il y a très peu de signe qui vous montre que cette personne vous trahira un jour. Tellement que l'amitié a rendu aveugle et dépendant l'une de l'autres. Les gens ne perçoivent pas le danger de loin. Il manque de discernement pour juger la réaction de celui que vous considérez comme votre ami. Francis Blanche dit que la trahison est une moisissure verte et douce, comme le duvet : elle ronge en silence et par l'intérieur. C'est à l'intérieur que cette moisissure s'installe petit à petit. Elle est verte, c'est-à-dire aucun soupçon, elle vous laisse croire que c'est une bonne plante comestible. Vous êtes rassurés que vous ne risquez rien en sa présence, elle vous fait oublier sa dangerosité, en vous mettant en confiance. Mais derrière ce tableau, se cache, quelque chose de nocif. Elle vous met en confiance et vous détruit à petit feu et en silence. Dès que le moment est propice, le traître passe à l'actions. André Therive dit que la trahison est une question de dates. Effectivement, c'est un événement qui est daté et qui arrive et surprend celui qui est trahi, mais pas le traître ; parce qu'il a bien préparé son plan. Et c'est pourquoi, la trahison est triste parce qu'elle ne vient jamais d'ennemis, mais de ceux en qui vous avez le plus confiance, vos proches. C'est un événement qui survient dans votre vie sans que vous n'ayez eu le temps de vous préparer à une telle chose.

- Le rejet

Plusieurs personnes ont été victimes ou vivent le rejet dans leur environnement le plus proche : maison, école, lieu de travail, église, ou dans tout autre lieu. C'est une chose qui fait mal et peut causer des troubles psychiques aux victimes. C'est l'histoire d'un jeune homme nommé Jephté a été rejeté dans sa famille, car sa mère était une prostituée. Il n'a donc pas été accepté dans la maison de son père. Il a été rejeté par ses frères, parce que c'était un enfant hors mariage. Vous n'avez pas souhaité venir au monde dans ces conditions, mais les gens vous traitent comme si vous étiez responsable de ce qui est arrivé. Rejeté et chassé de la maison par ceux qui étaient de sa lignée familiale, Jephté a dû fuir et se réfugier dans une autre ville. Des enfants subissent le rejet à l'école de la part de leurs amis ; qui ne les acceptent pas tel qu'ils sont. Isolés par les autres et rejetés ; une situation qui ronge et pousse certains au pire, voire au suicide. Après avoir inscrit leurs enfants à l'école, les parents ne peuvent pas s'imaginer qu'un tel évènement allait changer la vie de leurs enfants. Le rejet est un événement tragique dont les conséquences laissent des marques indélébiles dans la vie de plusieurs. Il créé la peur, le manque d'estime de soi, l'isolement, la culpabilité, la violence, l'exposition aux prédateurs, le sentiment de vouloir rendre le mal pour le mail, etc. Rejeté à cause de la couleur de sa peau intervient le plus souvent tardivement dans les établissements scolaires. A la maternelle par exemple, cette différence n'est pas perçue par les enfants, trop petit pour s'en occuper. Mais cependant arriver à l'école élémentaire, les enfants deviennent plus conscients de cela et certains parmi eux sont très vite victimes de rejet. C'est une telle souffrance marque la vie de plusieurs qui souvent décident de s'isoler.

- Le divorce

« *Je t'aime..., moi aussi...* », disent les mariés en se promettant fidélité jusqu'à la mort. Quelques années plus tard, le déchirement ou le cauchemar surgit et les deux amoureux ne se supportent plus. Les enfants du couple subissent les effets de cette séparation inattendue. Un événement comme le divorce est déchirant et douloureux pour les concernés, voire pour les enfants. Les gens se préparent très souvent pour des bonnes choses et non pour celles comme le divorce. Marcel Aymé déclare que le divorce est une horrible souffrance de l'âme et de la chair. Après le divorce, qu'y a-t-il ? Qu'est ce qui suit ? Chaque événement quel qu'il soit à un début et une fin. Il est vrai que le moment où le divorce arrive, cela peut nous surprendre voire nous écraser, mais c'est à nous de décider de ce que nous faisons de l'événement. Le divorce a conduit plusieurs personnes à se donner la mort parce qu'elles n'ont pas supportées cette situation. Pourquoi continuer à vivre ? C'est malheureusement dans cette direction qu'elles ont décidé d'orienter cet événement c'est-à-dire vers la mort. La vie est une succession d'événements comme nous sommes en train de le dire qui sont frustrants, mais à nous que revient de leur donner une autre coloration. A cet effet, Alfred Capus dit : si nous ne pouvons rien sur les événements, nous pouvons les modifier par les manières dont nous les acceptons. Le divorce est consommé, il y a cependant l'après divorce qui peut aussi soit nous écraser ou nous assagir; car chaque événement contient en lui un degré d'intensité ou de force qui vient peser sur nous. Toutefois, c'est à nous, et ce grâce à notre volonté, d'achever les conséquences.

II
Notre réaction

Si on ne peut pas modifier les événements, on peut s'exercer à
modifier nos réactions face aux événements
-Julien-

Les évènements arrivent de façon cyclique, périodique, dans la
vie de tout homme. Cependant, c'est notre attitude (réaction) qui
va déterminer le cours des événements. En fait, il y a deux options
possibles :

- La première option : vous vous laissez écraser
- La deuxième option : vous décidez de ne pas vous
laissez écraser, c'est-à-dire surmonter la situation.

Quand nous sommes face à un événement quel qu'il soit, nous
conjuguons souvent ces deux groupes de verbes ci-après :

- Ecraser/disparaître /fragiliser
- Affronter/surmonter/surpasser/Supporter

On s'exclame souvent de la sorte : « Qu'est-ce que c'est ?
Pourquoi ça nous arrive-t-il ? Pourquoi nous ? Pourquoi
maintenant ... ».

Alors, quelle est notre réaction ?

i. **La première réaction :** le bilan mental rapide

Tout homme qu'il le veuille ou pas est souvent face à deux tableaux ; lorsqu'il est face à un événement.

Le premier tableau, on peut lire : voici ce que j'ai.
Le second tableau, on peut lire : voici ce que je n'ai pas

Il s'agit en réalité de ces trois choses dont vous avez besoin pour mieux gérer la situation dans laquelle vous vous trouvez. De ces choses dépendra votre réaction.

➢ Les connaissances (ou les ressources)

Ai-je suffisamment de connaissances pour faire face à cet événement ? C'est une question que l'on se pose le plus souvent. Effectivement, quand on est face à un événement, on fait un bilan de ce qu'on sait ou de ce qu'on possède. Ce sont ces éléments qui peuvent évidemment aider à tenir dans le tourbillon évènementiel. Une personne qui vient de perdre son travail, va se demander si elle a suffisamment de force (la volonté) ou les qualifications pour chercher un autre travail après avoir passé trente ans dans une entreprise. Une autre va se demander : qu'est-ce que je sais au sujet de cette situation. Ai-je suffisamment de connaissances pour gérer cet événement. Des savoirs, des aptitudes, des capacités mentales, physiques ou autre, sont autant de choses qui vont être questionnées lorsqu'un événement se pointe au seuil de la porte de notre vie.

> Le relationnel (les relations humaines)

Il s'agit ici des relations humaines. Avez-vous de bons amis ou des personnes qui peuvent vous accompagner pendant cette période. Le problème n'est pas l'événement en soi, mais ce sont toutes ces choses que nous avons ou nous n'avons pas. Les amis ne sont pas seulement pour la fête, mais aussi pour des événements qui vous arrachent le sommeil et bouleversent notre quotidien. Les relations humaines sont un baume pour la vie, mais surtout au moment où nous en avons le plus besoin, c'est-à-dire lors des événements malheureux. Des amis sont censés nous assister, encourager, soutenir ; des personnes sur qui nous pouvons compter. Ce sont ces questions qu'on se pose à ce moment-là.

> Les moyens (matériel ou immatériel)

Il peut s'agir des moyens financiers que l'on dispose ou tout autre moyen indispensable dont on peut avoir besoin pour surmonter ou gérer l'événement. Une personne qui perd son travaille, et qui par ailleurs était locataire. Il n'a plus aucune entrée d'argent et si ce dernier n'a pas au cours de la période d'activité, suffisamment épargner. Il va se poser mille et une question sur comment pourrait-il payer son loyer voire vivre. Penser ipso facto aux moyens est une réaction normale quand on est pris dans une vague d'événement.

Cependant, après cette étape, lorsqu'on constate par contre qu'on n'a pas les trois éléments ci-dessus voire suffisamment assez, d'autres réactions s'enchainent.

ii.   **La deuxième réaction** : la panique ou la peur

C'est la réaction la plus fréquente que l'on observe quand les gens sont face aux événements malheureux. Ils cèdent à la panique ou la peur pourvu qu'ils ne restent pas figer. Lorsque la situation les échappe, ou qu'ils n'en ont pas la maîtrise ; plusieurs préfèrent se réfugier ou s'enfermer dans une bulle, parce qu'ils ne veulent pas revivre le même cauchemar. La peur est l'ami proche, celui qui vient plus vite que les autres amis physiques. Et souvent, elle cause des dégâts indélébiles, avant même que le secours humain n'intervienne.

iii.   **La troisième réaction** : la culpabilité

Qu'ai-je fait ou est-ce que j'ai tort ou raison ? C'est ce qu'on entend de la bouche de certains. Ils cherchent à savoir ce que les autres les reprochent ; ce qu'ils ont fait aux autres. Ils se demandent ce qu'ils ont fait pour mériter ça. Pourquoi les autres agissent ainsi à leur égard (cas de rejet).

iv.   **La quatrième réaction** : le découragement

Vous vous découragez parce que malgré vos efforts, les autres ne vous reconnaissent pas. Ils ne voient pas vos sacrifices, vos efforts. Vous vous dites que vous ne pouvez plus faire confiance à qui que soit parce que vous avez été trahi.

v.   **La cinquième réaction** : l'isolement

Vous choisissez la solution la plus probable pour vous, pour éviter d'affronter les acteurs de votre événement ; vous vous isolez.

L'isolement a pour conséquence :

- La perte de confiance en vous
- La perte de la liberté d'expression
- Le doute : vous doutez de vos idées, vos expériences, vos connaissances
- Un sentiment d'injustice : tendance à accuser tout le monde d'être responsable de ce qui vous arrive.
- La violence
- La victime des prédateurs : l'isolement vous rend vulnérable aux mauvaises rencontres. Car vous êtes fragile et donc susceptible de rencontrer des personnes malveillantes.

vi.   **La sixième réaction** : recourir aux solutions de facilité

Ces solutions pour certains se résument à ceci :

- Vol
- Drogue
- Alcool
- Corruption
- Violence

vii.	**La septième réaction** : Rendre le mal pour le mal

Décidez de rendre le mal pour le mal ou pour le préjudice que vous avez subi.

viii.	**La huitième réaction** : Prise de décisions radicales

Prendre des décisions radicales tout en les faisant subir à d'autres innocents. On loge tout le monde à la même enseigne. Le traitement est identique pour tous. Cela consiste par exemple à cesser de faire le bien à cause de ce que vous ont fait subir certaines personnes. Refuser de faire confiance à nouveau.

ix.	**La neuvième réaction** : Blesser à son tour

Choisir de blesser à son tour. Accuser tout le monde d'être comme ceux qui vous ont blessé. On peut entendre une femme déclarer après avoir été déçue par un homme : tous les hommes sont les mêmes. Alors tout homme qu'elle rencontrera sur sa route, elle agira mal de manière à se venger de ce que l'autre lui a fait subir.

x.	**La dixième réaction** : Abandonner

Se résoudre à tout laisser tomber parce que vous vous jugez incapable d'avancer, de faire cette chose, de poursuivre l'aventure. Vous abandonnez parce que vous vous jugez indigne, incapable d'une telle chose. Vous laissez votre place à une autre personne en disant qu'elle peut le faire et pas vous.

III
Forces et faiblesses

Le danger nous révèle des forces ou des faiblesses que nous ne nous connaissions pas, c'est la pierre de touche des caractères
-Gustave Vapereau-

Chaque événement révèle deux choses : nos forces et nos faiblesses. Malgré son intensité, il faut souligner que l'événement se produit dans un lieu, à un moment précis et touche des personnes. Il n'y a pas d'événements qui puisse se faire sans que ces deux choses ne sont mises à rude épreuve. Elles apparaissent à la lumière et c'est là que tout ce qui était caché est maintenant révélé. Qu'il s'agisse des hommes ou des femmes, l'événement malheureux n'a pas d'élus privilégiés. Il est comme un prêtre qui officie la messe et son auditoire écoute ce qu'il a leur dire. Il n'y a pas un message destiné aux uns et un autre pour les autres. Aussi, l'intensité de l'événement est entre les mains de celui qui vit la chose à un instant précis. Il lui revient à lui, soit de l'augmenter ou le diminuer. Tout dépend de ce qu'il a comme ressources en lui.

- **Les forces**

Ce sont les capacités intrinsèques dont nous disposons chacun et qui peuvent être d'une utilité capitale dans une situation donnée.

Elles ont été acquises au fil du temps par l'expérience, par la formation, par de multiples conseils ; des événements qui se sont succédés au fil de notre existence, notre vécu. Ces choses sont celles que nous avons acquis avec le temps. On parle souvent de la force de caractère. Après avoir subi plusieurs coups durs, on peut entendre des personnes témoigner que ces choses les ont rendues plus fort. Maintenant, pus rien ne les fait peur. Ils sont plus solides qu'auparavant. Cette force intérieure est venue des coups de la vie, des trahisons peut être, des blessures que seul le temps a su guérir. Après avoir vécu ces choses, on se sent plus affermie et plus à même de faire face à d'autres marées. C'est le caractère, cette force inestimable qui s'accroît avec le temps. Elle peut nous aider à surmonter les événements même les plus dévastateurs. Le problème le plus préoccupant est celui de savoir si la personne qui vit une telle situation a le caractère qu'il faut pour supporter même l'insupportable. Ce qui va nous aider à vite sortir de ce tourbillon, c'est cette force qui est en nous. On dit souvent que la nuit porte conseil et nous aide à trancher certaines situations. Un adage qui en soi présente quelques limites, car il y a des situations que la nuit ne peut pas résoudre. Elles vous arrachent le sommeil, au point où vous passer votre temps à voir la nuit faire la sienne. Et ensuite, vous êtes témoins des premières lueurs du jour. Donc la nuit n'est pas un conseiller, mais c'est plutôt ce qui est à l'intérieur de vous, cet homme intérieur qui est devenu fort au fil du temps, et c'est ce qui vous aidera à vous surpasser. L'évènement vient avec un but précis, soit de vous ébranler, soit de vous amener à vous remettre en question, soit d'apporter un changement dans ce que vous faisiez avant. Avant, vous dépensiez sans penser au lendemain ; la crise surgit et vous voilà en train de passer des temps difficiles, le chômage, pas d'argent pour subvenir vraiment à vos besoins. La situation pèse énormément sur vous au point que vous manquez de sommeil. Un tel événement si vous vous en sortez, vous serez plus aguerris et vous saurez qu'à l'avenir vous devriez agir avec sagesse avec votre argent et ne pas le dilapider comme vous faisiez auparavant. Cette expérience va affermir votre force intérieure. Vous avez pu surmonter ce fait en retrouvant un autre travail, cependant vous avez aussi été interpelé à changer votre façon d'agir. Les événements révèlent nos forces, mais ils ont aussi pour but de nous rendre fort ou de nous affermir. Ils nous procurent la force que nous n'avions pas au départ. Nous pouvons considérer des évènements comme la perte d'un être cher comme tragiques, cependant chaque événement vient avec une dose d'informations qui deviennent force en nous. Nous pouvons sortir d'un événement soit écrasé, soit assagi voire aguerri, tout dépend de ce qu'on en fait. Un enfant qui perd ses parents à un âge très jeune, il n'a pas en lui suffisamment de force pour surmonter cette épreuve. Mais avec le temps, la force intérieure va s'accroître et il sera capable de faire face à ce qui l'attend devant. Car la vie n'est pas un fleuve tranquille, elle cache toujours des grandes vagues qui peuvent surgir à tout instant. Il y a donc des rendez-vous de la vie, comme ces événements dits malheureux, que nous vivrons sans même qu'on nous demande notre avis voire notre disponibilité. Nous sommes mis à rude épreuve et la question qu'on se pose : est-ce que nous avons assez de force en nous pour y faire face ?

A l'opposé, l'événement révèle également nos faiblesses. C'est à ce moment-là que l'on découvre le vrai visage de celui qui hier se vantait devant tout le monde. Sommes-nous une maison fortifiée ou un château de sable ? Nous sommes soit l'un, soit l'autre, tout dépend de ce que nous vivons au moment précis. Avoir des faiblesses n'est pas un mal en soi, car il n'y a pas d'hommes parfaits c'est-à-dire dotés de tout et n'ayant aucun manque. Les événements surgissent aussi pour nous révéler une chose que nous ignorons, faiblesse. Comment savoir que vous manquez une chose si vous n'avez pas été confronté à une situation qui créée en nous le besoin de posséder cette chose. C'est bien ce que fait l'événement ; il vient pour mettre à la lumière quelque chose dont nous ignorons l'existence ou qui existe en nous à faible dose. Ceux qui se croient suffisamment forts vont vivre grâce à l'événement, une épreuve de mise en évidence. C'est à ce moment-là qu'on peut voir s'il y a des choses à améliorer, à renforcer, à corriger, à acquérir impérativement. Ceux qui ne voient pas les choses de cette façon, sortiront de la situation sans avoir pris les bonnes décisions ou résolutions. Cette faiblesse que l'événement révèle a pour but d'aider la personne concernée à travailler sur elle de sorte à se rendre plus fort. Même le vent qui passe, nous laisse le temps de réaliser son passage. L'événement doit nous faire réaliser l'existence de certaines de nos faiblesses et bien évidemment de nos forces. Si les faiblesses sont révélées c'est dans le seul but de les corriger ou de les faire disparaître. Pendant que nous vivons une situation telle que le manque d'argent par exemple, souvent nous passons notre temps à nous plaindre et nous ne nous questionnons pas sur la manière dont nous avons géré autrefois notre argent. Notre mauvaise gestion en a été la cause, et la crise a eu raison de révéler cette faiblesse. Toutefois, au-delà des regrets, il faut que le changement arrive. Corriger les faiblesses que l'événement a pu révéler est le signe de maturité ou une véritable prise de conscience. L'évènement est porteur de fruits et c'est à nous de nous positionner du bon côté afin d'en jouir. Car les problèmes non traités produisent les mêmes effets, plusieurs années plus tard. Hier vous aviez un penchant pour les amis, vous aimiez vous entourer de plusieurs personnes, une 'amitié sans réserve, vous faisiez confiance de façon aveugle. Les situations vécues sont censées vous changer ou vous améliorer. Un événement qui ne nous change ou ne nous améliore pas est semblable à une lettre sans destinataire. Tout événement quel qu'il soit doit être destiné à un destinataire et ce dernier doit en être conscient et prendre des décisions rationnelles.

IV
Gain ou perte

On n'y peut rien, a chaque jour de sa vie
on perd quelque chose et on gagne quelque chose
-Daniel Desbiens-

Il y a pour chaque événement, ce que nous gagnons et ce que nous perdons.

1.   Ce que nous gagnons

- L'expérience

Ce que nous vivons ou ce que nous avons vécu, tout peut devenir expérience. Joël Cadière[3] dit que l'expérience n'est pas seulement tout ce que nous vivons et percevons, ce que nous faisons et imaginons. Cependant, il affirme que l'expérience résulte d'une incorporation particulière et singulière acquise, apprise, transmise, éprouvée. Toutefois, la valeur que l'on donne à un événement au moment où on le vit, c'est cela qui nous permet de capitaliser l'expérience. Celle-ci est constituée des émotions ressenties, des images, des récits, des gestes, des souvenirs, que nous avons éprouvés au cours de cet événement. Toute cette

---

[3] Joël Cadière, 2017 : qu'est-ce que l'expérience. Forum 2017/2 (n°151), pages 8-12.

expérience est gardée dans notre mémoire, lieu réceptacle de toutes ces données. C'est là-dedans dans ce caveau si vaste et infini que nous stockons tous nos événements. Et c'est là que nous avons cherché des informations chaque fois que nous sommes face à une situation. On y trouve des pratiques, des sensations, des émotions et des perceptions. A chaque situation, l'homme réactualise ce qu'il a emmagasiné dans sa mémoire qui s'est construite au fil de son vécu. Tout événement permet donc à l'homme d'acquérir de l'expérience et celle-ci se forme, se déforme, se reforme, en fonction des événements qui ont lieu. Tout cela nous permet de nous connaître (forces et faiblesses) et le monde dans lequel nous vivons (notre environnement). Cette expérience acquise permet d'agir au mieux dans l'avenir (cas de la trahison). Elle est donc le fruit de notre vécu. Aussi, il faut souligner que l'événement présente une dualité de fait : ce que nous faisons face à cet événement (attitudes) et ce que l'événement fait de nous (ébranlement/remise en question/reconfiguration). En d'autres termes, soit l'événement nous écrase, soit nous le surmontons. Dans tous les cas, il y a l'un ou l'autre situation qui se présente à nous. Et nous acquérons malgré tout de l'expérience.

- Caractère

La manière dont nous réagissons face à une situation révèle notre caractère. Par définition, le caractère est l'ensemble des manières stables d'être, de sentir ou d'agir qui habituellement règlent le comportement d'une personne dans ses relations avec d'autres personnes. On peut en citer quelques-uns : bienveillance, complaisante, docilité, égalité, serviabilité, sociabilité, enthousiasme, fourberie, instabilité, passivité, pénibilité, peureux, craintive, etc. L'événement en soi vient pour ressortir, ajouter, grossir, réduire, affermir, l'un des caractères que nous avons ou celui qui nous n'avons pas. Certains événements peuvent causer l'instabilité dans la vie d'une personne. Il faut retenir que l'événement est une épreuve qui forge notre caractère. C'est à l'image d'un four dans lequel on introduit le vase d'argile afin de lui rendre plus solide et utile entre les mains de celui qui va l'acheter.

- Relationnel

Les événements permettent de soigner nos relations humaines. Une personne qui a vécu la trahison pensera à améliorer ses relations avec autrui. Malgré l'empathie que nous pouvons éprouver vis-à-vis des gens, après une trahison, il est important de réfléchir plusieurs fois avant de se lancer dans une nouvelle relation. Nous devons mettre de l'ordre dans nos relations, afin de ne pas reproduire les erreurs du passé. C'est aussi l'occasion de voir ceux qui vous aiment ou ne vous aiment pas. Vous pouvez donc créer de nouvelles relations ou élargir votre cercle d'amis, avec des personnes qui vous additionnent, vous multiplient. Ce sont en fait des personnes qui vous aideront à tenir, malgré l'intensité de la situation que vous vivez.

- Valeur

Comme le vin qui a été conservé pendant longtemps, subissant ainsi l'épreuve du temps ; son prix est surévalué. Il devient un millésime. En fait, bien qu'ils soient frustrants, nous devons être endurant et patient pendant que les événements se déroulent. Aussi, si l'épreuve de feu rend pur l'or, donc valeureux ; le but des évènements est entre autre de nous procurer de la valeur ou de la considération. Car la vie d'une personne qui a traversé tant d'épreuves, et qui les a surmontées malgré leur intensité ; servira de modèle aux autres. C'est une vie-témoin, un missionnaire pour d'autres. Un témoignage qui sera bien vendu que de simples théories.

2. Ce que nous perdons

- La confiance en soi et envers les autres

La perte de la confiance en soi est malheureusement la chose que l'on observe chez certains. Ils n'arrivent plus à s'accepter soi-même, se reprochant de ne pas avoir été à la hauteur ; ils s'en veulent jusqu'au point de se suicider ou d'abandonner totalement. Or, la confiance en soi se construit au fil événements auxquels nous avons été exposés. La nature des événements est à prendre en ligne de compte. Une personne qui a été trahi, aura du mal à faire confiance aux autres. Elle aura tendance à se méfier de tout le monde. Si ça arrive qu'elle fasse confiance, ce sera juste avec beaucoup de préjugés ou de retenu.

- La santé

Les maladies dites psychosomatiques se développent souvent suite aux événements douloureux de la vie. Les maux d'estomac apparaissent après une déception amoureuse par exemple, une trahison, etc. Les gens tombent dans la dépression et perdent la raison après un divorce.

■   Le temps ou les opportunités

En passant son temps à ressasser l'évènement passé jour et nuit, nous ne faisons plus grand-chose de notre temps, sinon que nous morfondre sur notre lit et nous apitoyer sur notre sort. Nous faisons défiler dans notre tête les séquences douloureuses de ces événements ; nous nous faisons du mal pour rien. Certaines personnes croient que tout le monde les a tournés le dos. Nous passons à côté des belles opportunités, des amitiés, des personnes de valeur, qui auraient pu nous aider à gravir quelque marche sur l'échelle du bonheur.

V
Leçons à tirer

Les événements malheureux arrivent de façon cyclique, périodique, dans la vie de tout homme. C'est notre attitude qui va déterminer le cours des événements. Il faut savoir que dans tout événement, il y a un acteur et une action. L'acteur c'est nous et l'action c'est tout ce que nous mettons en place pour faire face à ce vécu. L'acteur donne une direction précise aux événements. Il y a ceux qui perdurent parce que l'acteur n'a pas fait ce qu'il faut jusqu'à maintenant. Aucun événement n'est au-delà du supportable. Parmi les leçons à retenir, il faut comprendre ceci :

- *L'évènement est temporel*

Il y a un début et une fin, rien ne reste éternel sur la terre. Même les semences mises en terre, sauf en raison des intempéries ou autres sinistres, finissent par germer et croître. Quel que soit ce qui nous arrive ou ce que nous vivons, il y a toujours une date de péremption à cette situation. Il peut nous donner l'impression à cause de son intensité, qu'il ne passera pas, cependant nous devons savoir qu'il passera à un moment donné, comme le vent.

- *L'événement vient avec intensité*

Si l'événement peut ébranler, remettre en question, reconfigurer, c'est parce qu'il survient avec intensité. C'est cette force qui fait que certains sont écrasés et d'autres sortent de là plus assagis.

- *L'événement éveille notre conscience*

Souvent nous ignorons certaines réalités de la vie ; le fait de vivre certains événements peut mieux nous faire prendre conscience de ces évidences.

- *L'événement nous repositionne*

Il permet de changer notre logiciel ; notre perception de nous-mêmes. Bien des fois nous avons une haute ou une faible opinion de nous-mêmes. Des personnes souvent dépendantes, vivent des événements qui les bouleversent et les obligent à changer leurs habitudes. Elles se rendent vite compte qu'elles avaient des capacités pour voler de leurs propres ailes ; cependant, certaines choses comme la peur les empêchaient de croire en eux.

- *L'événement nous fait sortir de l'illusion*

Quelques fois, nous vivons dans un monde d'illusions et nous pensons que les choses sont comme nous les avons conçues, loin des vraies réalités de la vie. Et les événements viennent comme les vagues, balayés le château de sable (illusions) et les faire disparaître et nous amener vers de nouvelles perceptions de la vie.

- *L'événement nous impose un changement de plans*

En perdant son emploi par exemple, on ne peut pas continuer à vivre comme si on était encore en activité. Le changement de situation doit aussi nous amener à changer nos plans ou notre façon de faire ou d'agir.

- *L'événement nous aide à prendre conscience de nos capacités ou talents*

En restant parmi les poussins, un aiglon a cru qu'il était un poussin, de la même famille. Mais non, c'est un futur aigle qui s'ignore. Il est fait pour les sommets parce qu'il a les capacités de voler au-dessus du poulailler. L'évènement arrive souvent pour révéler nos capacités ou talents que nous ignorons.

CONCLUSION

La vie est comme un océan avec une multitude de vagues. L'événement, tels des vagues, arrive de façon séquentielle et rythme notre existence. Il écrase les uns et rend sage les autres. Chaque réaction que nous avons, va déterminer le cours de l'événement. Son intensité est maitrisée grâce aux attitudes telles que l'endurance, la patience, l'espérance, etc. Ces trois choses vont permettre de mieux gérer la situation et de réfléchir au mieux sur des solutions susceptibles de nous aider à sortir très vite de l'épreuve. Être endurant est important, car céder à la panique ou à la peur n'aide pas, bien au contraire cela peut nous pousser à commettre des erreurs. Aussi, il faut être patient, car tout événement à un début et une fin. Rien ne reste statique dans la vie. Il faut garder en mémoire que l'événement est un fait temporel. Il finira par passer et laisser la place à une nouvelle trame. Il y a un temps pour tout. Un temps de deuil finira par laisser la place à un temps de joie. Gardez espoir, car la vie n'est pas faite que de malheur, il y a aussi du bonheur. Ce bonheur est quelque fois précédé par des nuages sombres. Cette obscurité peut nous plonger dans le désespoir, mais nous devons garder à l'esprit que le jour finira par se lever. Comme la sécheresse laisse la place à l'humidité, les événements malheureux laisseront la place aux événements heureux ; c'est le cycle de la vie.

AUTRES PUBLICATIONS

Les organisations paysannes en République du Congo : Emergence et signification des dynamiques organisationnelles dans le secteur agricole en zones périurbaines et rurales, Edition Connaissances et Savoirs, 2016, 598 pages.

Les tueurs de visions : Quand la vision meurt sur les genoux, Editions Books on Demand, 2021, 154 pages.

A mon ami Tom : Ce que je n'ai pas pu te dire, c'est que la différence est une identité universelle, Edition Books on Demand, 2021, 112 pages.

Comment vivre sa jeunesse dans un monde qui bouge : 21 secrets pour réussir la traversée de cet âge d'or, Edition Books on Demand, 2022, 138 pages.

Les voix d'autorité : Une clé pour le développement de l'Afrique, Edition Books on Demand, 2022, 81 pages.

Comment faire de Dieu Le débiteur des générations présentes et futures ? La dîme_une alliance de bénédiction générationnelle, Editions Books on Demand, 2023, 276 pages.

TABLE DE MATIERES